Elite

Führungskraft

Die besten Strategien und Methoden!

für

Führungsmethoden,

Führungstechniken,

Führungskompetenzen

Führungsstil

Autor M. Rock

Inhaltsverzeichnis

So wirst Du zur 2

Elite Führungskraft 2

Die besten Strategien und Methoden! 2

Vorwort 2

Führungskraft - Kurze Definition und Einleitung in das Thema 7

Führungsstile - Alles was Du wissen musst 18

Welcher Führungsstil ist der richtige für mich? 42

Welche Kompetenzen eine Führungskraft braucht 49

Die Selbstkompetenz 51

Die Fachkompetenz 53

Soziale und kommunikative Kompetenzen 54

Die integrative Kompetenz 57

Die Methodenkompetenz	60

Die besten Tipps und Tricks für Anfänger - So startest Du im Unternehmen richtig durch	61

Tipp Nr.1 - Ziele und Erwartungen klären:	62

Tipp Nr.2 - Es langsam angehen lassen:	64

Tipp Nr.3 - Nicht zu schnelle Urteile treffen:	65

Tipp Nr.4 - Langsam die richtigen Veränderungen einleiten:	66

Tipp Nr.5 - Ehrlich und klar arbeiten:	67

Tipp Nr.6 - Du bist kein Einzelkämpfer:	69

Tipp Nr.7 - Kenne deine Prioritäten:	70

Tipp Nr.8 - Ein Konzept entwickeln:	71

Tipp Nr.9 - Mit den Mitarbeitern

kooperieren: 72

Erfolgreiche Führungskraft werden - Die

Schritt für Schritt Anleitung 74

Die Mitarbeiter richtig beurteilen 75

So beurteilst Du deine Mitarbeiter richtig

79

Die Schritt für Schritt Anleitung 79

Schritt Nr.1 - Das Beobachten: 80

Schritt Nr.2 - Das Beurteilen: 82

Leistung: 84

Die Fachkompetenz: 85

Die soziale Kompetenz: 86

Die Selbstkompetenz: 88

Schlusswort 91

Rechtliches 93

Disclaimer 97

     97

So wirst Du zur

Elite Führungskraft

Die besten Strategien und Methoden!

Vorwort

Willst Du ein Unternehmen führen? Bist Du schon als Führungskraft in einem Unternehmen tätig, aber bekommst in deinem Arbeitsalltag immer wieder Probleme? Dann hältst Du genau das richtige Buch in deinen Händen. Ich habe mich seit Jahren mit dem Thema „Führung" auseinandergesetzt und will dir in diesem Ratgeber mein Fachwissen vermitteln.

Richtig zu führen ist nicht einfach. Oftmals neigt man dazu den ein oder anderen Führungsstil Extrem zu bevorzugen. Entweder man ist zu autoritär oder man überlässt seinen Mitarbeitern zu viele Freiheiten. Beide Optionen enden meistens in Chaos. Damit ist nun ab sofort Schluss! In diesem Buch zeige ich dir Schritt für Schritt, was Du alles zu beachten hast und wie Du dein Unternehmen richtig führen kannst.

Die richtigen Führungsqualitäten machen einen großen Unterschied. So kann sich deine Produktivität und somit auch dein Umsatz im Unternehmen schnell verdoppeln oder sogar verdreifachen.

Auch deine Mitarbeiter werden motivierter werden und dadurch verbessert sich das Arbeitsklima im Ganzen.

Eine erfolgreiche Führungskraft wird man nicht über Nacht. Auch ich musste lange an mir arbeiten bis ich die jeweiligen Qualifikationen erworben habe. Den Kopf in den Sand zu stecken ist, aber ebenfalls keine richtige Lösung. In diesem Buch erfährst Du alles, was Du brauchst, um eine erfolgreiche Führungskraft zu werden.

Hierfür werden wir uns ganz am Anfang mit dem Begriff ,,Führungskraft" auseinandersetzen. Danach stelle ich dir im nächsten Kapitel verschiedene Führungsstile vor. Es glauben immer noch viel zu viele Menschen, dass es den einen richtigen Führungsstil gibt. Diese Annahme ist, jedoch falsch! Man hat viele verschiedene Optionen wie man ein Unternehmen führen kann.

Zu guter letzt werden wir dir noch Strategien mit auf dem Weg geben. Diese Tipps und Tricks werden dir dabei weiterhelfen das alltägliche Leben im Unternehmen besser in den Griff zu bekommen. Die einzige Voraussetzung ist, dass Du es auch wirklich willst! Ich kann dir in diesem Buch nur das notwendige Wissen mit auf dem Weg geben. Umsetzen musst Du es letztlich, aber selbst. Dafür empfehle ich dir diesen Ratgeber so aufmerksam wie nur möglich durchzulesen. So nimmst Du garantiert auch das Meiste mit!

Führungskraft - Kurze Definition und Einleitung in das Thema

Damit wir dir Tipps und Tricks geben können wie Du deine Führungsqualitäten in der Zukunft verbessern kannst, müssen wir erstmal einer der wichtigsten Fragen klären. und zwar :,,Was ist eine Führungskraft?". Unter dem Begriff ,,Führungskraft" versteht man eine Person, die in einem Unternehmen oder anderen Betrieb für die Organisation wie auch Personalführung zuständig ist. Diese Stellen sind natürlich auch mit vielen Aufgaben verbunden. So müssen Führungskräfte auch in der Lage sein vieles zu verwalten.

Auch die Rangordnung spielt in einem Unternehmen immer noch eine große Rolle. So können Aufgaben besser verteilt werden und jeder weiß, was er am Ende zu tun hat. Wer die Aufgaben in einem Unternehmen leitet, hat auch das Anrecht darauf Tätigkeiten vorzuschreiben und somit den Ton in einem Unternehmen anzusagen. Das gilt auch für Tätigkeiten, die man unterlassen soll. Führungskräfte bedienen sich meistens mündlichen Mitteln, um einen Auftrag oder einen Befehl weiter zu geben. Wenn man in einem sehr großen Unternehmen als Führungskraft tätig ist, gibt man Arbeitsanweisungen auch schriftlich weiter, da dies viel mehr Zeit einspart.

Führungskräfte müssen bestimmte
Kompetenzen aufzeigen. Auf diese
Kompetenzen werden wir später noch
mal zu sprechen kommen. Diese
Kompetenzen dienen dazu, um
Verantwortung und Aufgaben besser zu
delegieren. Einer der bekanntesten
Motivationssprecher Steven. R. Covey
hat dies in seinen 4 Quadranten-System
auch sehr gut aufgezeigt. Im dritten
Quadranten hat er darauf aufmerksam
gemacht wie wichtig es ist bestimmte
Aufgaben an die richtigen Leute weiter
zu delegieren. Die Personalführung in
einem Unternehmen kann niemals alle
Aufgaben in einem Betrieb übernehmen.
Das würde nicht nur ihn selbst
überfordern, sondern schlichtweg auch
die Qualität und Arbeitsproduktivität des
Unternehmens herunter schrauben.
Deswegen erlernen Führungskräfte in

den letzten Jahren immer mehr
Aufgaben richtig weiter zu delegieren.

Zu einer der wichtigsten Aufgaben einer
Führungskraft gehören zum Beispiel
Zielsetzung, Planung, Entscheidungen,
Koordination, Informationsbeschaffung,
Organisation und Kontrolle. In welchem
Umfang diese Aufgaben vor einem
stehen, ist davon abhängig, wie groß
das Unternehmen ist. So hat die
Personalführung bei Google
beispielsweise einen viel größeren
Umfang an Aufgaben, als zum Beispiel
die Personalführung bei Galeria Kaufhof
in Köln. Beim ersteren Beispiel wird man
wahrscheinlich auch mehrere
Führungskräfte eingestellt haben, da
eine einzige Person unwahrscheinlich so
viele Aufgaben in so einem riesigen
Konzern leiten kann.

Auch die Qualifikationen können von Unternehmen zu Unternehmen schwanken. Ein sehr großes Unternehmen hat natürlich auch viel größere Anforderungen, als ein kleines oder mittelständiges Unternehmen.

Sehr oft werden auch die Begriffe „Führungskraft" und „Manager" in einem Topf geworfen. Hierbei handelt es sich, aber um zwei verschiedene Berufszweige mit verschiedenen Aufgaben und Anforderungen. Für den Manager ist Führung ein Teil seines Aufgabenbereiches. Die Führungskraft fokussiert sich stattdessen mehr darauf Ziele zu formulieren, Probleme zu lösen und Entscheidungen zu treffen. Zudem prüft die Führungskraft auch mögliche Auswirkungen von Entscheidungen, die anstehen. Auf diese Weise stellt er sicher, dass er nur die richtigen

Entscheidungen treffen wird. Zudem führt die Führungskraft auch immer wieder Gespräche mit den Mitarbeiter, um Feedback zu geben und die Arbeitsweise in die gewünschte Richtung zu beeinflussen.

Wie genau der Begriff ,,Führungskraft" aufgenommen und definiert wird, kann auch von Unternehmen zu Unternehmen unterschiedlich sein. So hat zum Beispiel eine Studie des Vereins Deutscher Ingenieure (VDI) folgende Definition für Führungskräfte festgelegt :,,Personen mit Budget- und/oder Personalverantwortung" bezeichnet". Das Deutsche Institut für Wirtschaftsforschung (DIW) sah es schon ein bisschen anders und hat daher auch folgende Definiton auf Papier gebracht :,,,,Personen ab 18 Jahren, die im SOEP angaben, als Angestellte in der

Privatwirtschaft in Funktionen mit umfassenden Führungsaufgaben […], sonstigen Leitungsfunktionen oder hochqualifizierten Tätigkeiten […] tätig zu sein."

Wie der jeweilige Begriff tatsächlich am Ende definiert wird kann auch davon abhängig gemacht werden welche Aufgaben das jeweilige Institut damit verbindet. Es gibt verschiedene Führungsstile und Praktiken auf die wir später auch nochmal zu sprechen kommen werden. Bei einer Führungskraft spielt es zum Beispiel eine sehr große Rolle auf welche Art und Weise eine Aufgabe bewältigt wird. Das richtige Mindset kann hierbei auch sehr praktisch sein.

Einer der bekanntesten Personen, die sich mit den Aufgabenbereichen von Führungskräften und Managern auseinandergesetzt haben war Warren Bennis. Er unterschied die beiden Berufsfelder vor allem von den Aufgaben und dem Verhalten her. Nicht alle Unternehmen nehmen es mit diesen Unterscheidungen so genau. Zudem haben sich die Unterschiede auch nicht ganz umgesetzt, da Manager beispielsweise auch Entscheidungen treffen müssen oder Probleme bewältigen.

Wir wollen dir trotzdem einen guten Überblick über diese beiden Begriffe verschaffen. Daher werden wir uns an einige Begrifflichkeiten von Bennis halten. So beschrieb Bennis zum

Beispiel einen Manager als jemanden, der verwaltet, während die Führungskraft erneuert. Für ihn erhält der Manager bestimmte Informationen und die Führungskraft erneuert sie. Der Manager fokussiert sich nach Bennis auf Strukturen und Systeme und die Führungskraft eher auf Menschen. Für Bennis denkt der Manager auch eher kurzfristig, während die Führungskraft mit einem weiten Blick in die Zukunft schaut. Der Manager fragt nach Bennis nach ,,Wie?" und ,,Wann?" während die Führungskraft eher nach dem ,,Was?" und ,,Warum?" fragt. Für Bennis akzeptiert der Manager den Status quo während die Führungskraft diesen eher herausfordert. Der Manager macht nach Dennis die Dinge richtig, während die Führungskraft die richtigen Dinge macht.

Aus Bennis Unterscheidungen könnte man herausleiten, dass er die Führungskraft ein bisschen höherrangig angesehen hat, als den Manager. Wie wir schon am Anfang bemerkt haben setzen sich diese Unterschiede heute nicht komplett in die Praxis um. In der heutigen Berufswelt können wir beobachten wie immer mehr Berufszweige miteinander verschmelzen. Das gilt auch für den Manager und die Führungskraft. Der Manager muss auch immer mehr und mehr Führungsaufgaben übernehmen. Dieses Prinzip gilt natürlich auch andersherum! Viele Führungskräfte müssen auch lernen bestimmte Dinge besser zu managen.

Daher lässt sich auch keine ganz klare Linie zwischen diesen beiden Berufen ziehen. In den nächsten Kapiteln werden wir, aber nochmal genauer darauf eingehen welche Führungsstile es gibt und welche Techniken sich in den letzten Jahren am besten bewährt haben. Du sollst immerhin auch das Beste aus diesem Buch herausholen und so viel wie möglich mitnehmen.

Führungsstile - Alles was Du wissen musst

Viele Menschen glauben, dass es nur den einen richtigen Führungsstil gibt. Diese Annahme ist, aber falsch! Es gibt so viele verschiedene Führungsstile, sodass man schnell mal den Überblick verlieren kann. Falls das bei dir der Fall sein sollte, dann solltest Du bei diesem Kapitel deine Aufmerksamkeit erhöhen.

Wie der Name es schon verrät wird der Führungsstil selbstverständlich von der Führungskraft ausgeübt. Welche Verhaltensmuster an den Tag gelegt werden ist meistens von der Situation abhängig. So wird der Führungsstil bei der Bundeswehr ein anderer sein, als bei Google. Zudem zielt ein Führungsstil auch auf ein langfristiges Ziel ab. Das bedeutet, dass die Verhaltensmuster meistens nicht von einem auf den anderen Tag verändert werden. So hat die Führungskraft zum Beispiel das Ziel eine Grundeinstellung seinen Mitarbeitern zum Ausdruck zu bringen. Welche Grundeinstellung das ist, ist wiederum vom Unternehmen und seinen Prioritäten abhängig. Während es den Mitarbeitern bei Google darum geht möglichst effizient zu arbeiten, ist es für die Mitarbeiter von der Make-up Marke Mac besonders wichtig immer freundlich zu sein.

Führungsstile sind keine Erfindung des 21. Jahrhundert. Schon damals hat man festgestellt, dass der richtige Führungsstil erhebliche Erfolg auf einen bestimmten Betrieb oder eine bestimmte Organisation haben kann. Sogar die weltweit bekannte Menschenrechtsorganisation Amnesty International hat eine Führungskraft.

Es ist kein Geheimnis, dass gut geführte Mitarbeiter in der Regel mehr leisten können und so auch für das Unternehmen viel profitabler sind. Zudem steigt nicht nur die Zufriedenheit bei den eigenen Mitarbeitern, sondern auch bei der Kundschaft. Jeder hat das bestimmt schon selbst einmal erlebt. Von netten Verkäufern lässt man sich viel lieber bedienen, als von Verkäufern, die einem nicht mal einen guten Morgen wünschen.

Wir haben schon eben kurz darüber gesprochen, dass Führungsstile keine Erfindung des 21. Jahrhundert sind. Schon im Jahre 1950 wurden sehr wichtige Forschungen an der Ohio State University dazu ausgeführt. Man führte die Untersuchungen mit dem Fokus auf dem Behaviorismus aus. Die Forschungen brachten ans Tageslicht auf welche Art und Weise sich die richtigen Führungsstile positiv auf das Unternehmen auswirken können. Zu einer der wichtigsten Punkte der Untersuchung gehörte zum Beispiel das Einteilen der Aufgaben wie auch ein aufgabenorientiertes Arbeiten.

Auch die Beziehung mit den Mitarbeitern wurde an der Ohio State University genauer untersucht. So konnte Lob, Anerkennung und Feedback den Mitarbeitern dabei helfen in der Zukunft schneller und effektiver zu arbeiten. Genau deswegen ist auch ein autoritärer Führungsstil in Unternehmen nicht mehr zu empfehlen. In den Untersuchungen kam zum Vorschein wie ein kooperatives Miteinander dabei helfen kann die Produktivität im Unternehmen zu verbessern. Gegenseitige Unterstützung im Team steht daher auch ganz oben auf der Liste.

In diesen Untersuchungen schaute man sich auch verschiedene Persönlichkeitseigenschaften genauer an. Wenn ein Mensch nämlich nicht die richtigen Führungsqualitäten beherrscht, dann wird es ihm auch schwer fallen ein Unternehmen richtig zu leiten. Der beste Schulabschluss der Welt wird einem großen Unternehmen da auch nicht überzeugen. Deswegen schauen vor allem Betriebe und Unternehmen in den USA nicht nur darauf, was auf dem Papier steht, sondern was ihre Bewerber auch wirklich leisten können. Zu einer der wichtigsten Eigenschaften gehören zum Beispiel Mut, Entschlossenheit, Intelligenz, Selbstvertrauen und Dominanzstreben.

Vor allem Mut und Entschlossenheit sind in erster Instanz wichtig. Wenn man in der Vergangenheit immer dazu geneigt hat seine Freunde und Familie bei jeder kleinen Aufgabe um Rat zu fragen, dann wird man wahrscheinlich auch kein Unternehmen führen können. In einem großen Unternehmen hat man schlichtweg nicht die Zeit, um bei jeder kleinen Entscheidung 200 verschiedene Menschen nach ihrer Meinung zu befragen. Daher suchen Unternehmer auch Führungskräfte, die so mutig und entschlossen wie sie selbst sind. Gleichzeitig sollte man, aber nicht allzu impulsive Entscheidungen treffen. Deswegen spielt auch Intelligenz so eine große Rolle.

Auch wenn Deutschland im großen Wohlstand lebt, schneiden wir in puncto Führungsfähigkeiten international nicht so gut ab. So hat die Global Workforce Studie deutsche Führungskräfte gerade einmal mit der Note „Ausreichend" bewertet. Bei der Studie wurden 30 Länder miteinander verglichen und 97.000 Personen befragt. Ein eher nüchternes Ergebnis also.

Das bedeutet, aber noch lange nicht, dass Du keine gute Führungskraft sein kannst. Nach diesem wichtigen Kapitel werden wir dir die verschiedenen Führungsstrategien Punkt für Punkt genau erklären. Erstmal ist es, jedoch wichtig zu verstehen welche Stile es gibt und welche davon vor allem in der heutigen Zeit populär sind.

Kurt Lewin war ein moderner Sozialpsychologe, der sich schon sehr früh mit verschiedenen Führungsstilen auseinander gesetzt hat. Er wurde 1890 geboren und verstarb schon im Jahre 1947. Vielleicht fragst Du dich noch warum sich gerade ein Sozialpsychologe mit dem Thema ,,Führung" auseinandersetzt. Auch in der Erziehung ist eine gewisse Führung wichtig. Natürlich werden nicht die gleichen Strategien angewendet wie in einem Betrieb. Lewin beschränkte sich bei seinen Definitionen, aber keinesfalls nur auf die Kindererziehung.

Lewin unterteilte die Führungsstile in drei Hauptbereiche. So gab es einmal die autoritäre Führung, dann die demokratische Führung und zu guter letzt Laissez-faire-Führung. Die meisten Betriebe tendieren heutzutage zu der demokratischen Führung. Dies war zu Zeiten Lewins nicht immer der Fall. Wir wollen diese drei verschiedenen Führungsstile erläutern, sodass Du einen besseren Überblick von Lewins Verständnis bekommst.

Der autoritäre Führungsstil ist einer der ältesten Führungsstile auf der Welt. Das liegt vor allem daran, dass die Demokratie in Westeuropa noch nicht so alt ist wie die meisten Menschen vermuten. Bei diesem Führungsstil gibt der Vorgesetzte bestimmte Aufgaben und Anweisungen vor. Die Führungskraft erwartet bedingungsloses Gehorsam und duldet auch auch keine Kritik und Widerspruch. Wenn die Mitarbeiter einen Fehler machen, folgt meistens eine Bestrafung. Diese Art des Führungsstil ist zum Beispiel bei der Bundeswehr zu beobachten.

In Unternehmen wird dieser Führungsstil alleine kaum noch angewendet. Ein Vorteil dieses Führungsstil ist es, jedoch dass die Entscheidungsgeschwindigkeit erhöht wird. So hat die Führungskraft alles unter Kontrolle. Auch die Arbeitsleistung kann durch diesen Führungsstil kurzfristig verbessert werden. Über einen längeren Zeitraum ist so eine Verbesserung der Leistung nicht aufrecht zu erhalten.

Dieser Führungsstil bringt, aber auch viele Nachteile mit sich. Dies erkannte auch schon Lewin in seinen Untersuchungen. So sinkt beispielsweise die Motivation der Mitarbeiter, weil sie sich zu sehr unter Druck gesetzt fühlen. Zudem wird auch die persönliche Freiheit der Mitarbeiter auch immer mehr und mehr eingeschränkt, was für viele Menschen vor allem im 21. Jahrhundert besonders wichtig ist. Auch mögliche Kompetenzen von Mitarbeitern werden nicht erkannt, da die Angst vor Fehlentscheidungen zu groß ist. So können die Mitarbeiter auch immer weniger selbstständig sein. Dies wirkt sich besonders negativ auf die Mitarbeiter wie auch die Produktivität des Unternehmens aus.

In den meisten Betrieben wird diese Art von Führungsstil nicht mehr angewendet. Dies war vor 100 Jahren vielleicht noch komplett anders, aber es ist auch wichtig zu verstehen, dass sich in den letzten 100 Jahren in Europa eine Menge verändert hat. Deswegen ist auch der demokratische Führungsstil auch immer beliebter geworden. Auch Lewin hat sich lange mit diesem Führungsstil beschäftigt.

Im Gegensatz zu dem vorherigen Führungsstil kooperiert die Führungskraft bei diesem Führungsstil auch mit seinen Mitarbeitern. Auch Kritik und Diskussionen untereinander sind erlaubt. Wenn die Mitarbeiter einen Fehler machen, dann greift man in den meisten Fällen auch nicht auf Bestrafung zurück. Stattdessen versucht die Führungskraft seinem Team zu helfen und so gut wie möglich unter die Arme zu greifen. Dieser Führungsstil bringt auch eine Menge Vorteile mit sich. So ist die Motivation bei den Mitarbeitern zum Beispiel um einiges höher, da sie sich viel mehr in das Geschehen einbringen können und somit auch ihre Kreativität einfacher entfalten können. Auf diese Weise verbessert sich auch die Leistungsfähigkeit.

Die Mitarbeiter haben auch die Chance sich selbstständig in das Geschehen einzubringen und auf ihre Art und Weise Probleme zu lösen.

Dies bringt nicht nur Vorteile für die Mitarbeiter mit. Auch die Vorgesetzten profitieren in dem Sinne, dass sie entlastet werden. In der Folge trifft das Unternehmen auch weniger Fehlentscheidungen, als zuvor. Sowohl die Mitarbeiter als auch die Vorgesetzten können sich dadurch mehr mit dem Unternehmen identifizieren, sodass sich auch das Arbeitsklima als Ganzes verbessert.

Lewin betrachtet wie auch bei dem vorherigen Führungsstil immer beide Seiten. So gibt es auch bei der demokratischen Variante ein paar Nachteile. Ein Nachteil ist zum Beispiel, dass sich die Entscheidungsgeschwindigkeit verlangsamt. Auch nicht jede Idee, die von den Mitarbeitern vorgeschlagen wird, ist für das Unternehmen auch wirklich nützlich. Aus diesem Grund setzten die meisten Unternehmen diesen Führungsstil auch nicht komplett zu 100% um. Auch wenn viele Punkte implementiert werden, ist immer noch eine hierarchische Struktur aufzufinden.

Ein weiterer Führungsstil, den Lewin untersucht hat, nennt sich der Laissez-faire-Führungsstil. Dieser Führungsstil lässt den Mitarbeitern die meisten Freiheiten. So können sie auch eigenständig Entscheidungen treffen. Die Organisation haben die Mitarbeiter selbst in der Hand und bestimmen daher auch ihre Aufgaben und ihre Arbeit. Bestrafung hat bei diesem Führungsstil überhaupt keinen Platz. Die notwendigen Informationen werden zu den Mitarbeitern weitergeleitet.

Ein großer Vorteil von diesem Führungsstil liegt auf der Hand. Die Mitarbeiter haben mehr Freiheiten und können auf eigenständige Art und Weise arbeiten. So können auch Entscheidungen eigenständig getroffen werden. Die Individualität kommt also nicht zu kurz, sondern kann sich auf volle Art und Weise entfalten. So können sich Mitarbeiter kreativer in den Betrieb einbringen.

Wie viele Dinge auf der Welt, gibt es auch hier zwei Seiten der Medaille. So besteht bei diesem Führungsstil ein Mangel an Disziplin. So können wichtige Aufgaben schnell mal vernachlässigt werden oder nach hinten angestellt werden, weil der Anschein vorhanden ist, dass man genug Zeit hätte. Auf diese

Weise kann es zu einer großen Unordnung und einem Durcheinander im Betrieb kommen. Es können sich auch Streitigkeiten zwischen den Mitarbeitern entwickeln, da nicht genau klar ist welcher Mitarbeiter für welches Aufgabenfeld zuständig ist. Ein Mitarbeiter kann sich auf diese Weise auch schnell mal als ,,Außenseiter" wahrnehmen. Im Großen und Ganzen kann man sagen, dass der größte Nachteil darin besteht, dass der Betrieb auf der Strecke bleibt.

Deswegen wird der Laissez-faire-Führungsstil heutzutage auch nur in den wenigsten Betrieben eingesetzt. Vor allem in Unternehmen, wo es auf Effektivität ankommt, findet man diesen Führungsstil so gut wie gar nicht. Der

Laissez-faire-Führungsstil wird stattdessen mehr in freien Schulen oder freien Organisationen zum Einsatz gebracht auch, wenn er dort nicht zu 100% genau umgesetzt wird.

Auch Horst-Joachim Rahn, ein deutscher Betriebswirt, Hochschullehrer und Schriftsteller, beschäftigte sich schon früh mit dem Thema „Führungsstile". Er fokussierte sich, jedoch vor allem auf den gruppenbezogenen Führungsstil. Dieser spielt für ein Unternehmen auch eine relevante Rolle, denn als Personalführer muss man immer darauf achten, dass das eigene Team gut miteinander kooperiert.

Ein wichtiger Punkt ist beispielsweise das Integrieren von Neulingen. Vielleicht ist dir dieser wichtige Punkt noch aus der Schulzeit bekannt. Auch in einem Unternehmen wird man immer wieder neue Mitarbeiter haben. Die Aufgabe von der Führungskraft ist es diesen Neuling richtig an die Gruppe heran zu führen und ihm die notwendige Unterstützung anzubieten. Vor allem in der Anfangszeit ist das besonders wichtig, da es ansonsten passieren kann, dass sich der Neuling nicht integriert.

Gleichzeitig muss die Führungskraft, aber auch einen Überblick über die gesamte Gruppe haben. Dies erkannte auch schon Horst-Joachim Rahn. Es gibt immer Mitarbeiter, die etwas faul sind und auf der Strecke liegen. Die Aufgabe des Personalführes ist es diese etwas faulen Mitarbeiter richtig anzuspornen. Klar definierte Ziele können hierfür die Lösung sein. Auf genauere Strategien werden wir, aber später noch mal eingehen.

Wenn die Führungskraft erkannt hat welche Mitarbeiter besonders gut arbeiten, dann gilt es diese richtig zu fördern. Die Führungskraft weiß nämlich, dass sich dadurch die gesamte Produktivität im Betrieb verbessert.

So kann der Leiter zum Beispiel den Mitarbeitern mehr Vertrauen und bestimmte Aufgaben weitergeben. Auch neue Anreize können bei der Gestaltung weiterhelfen.

Wertschätzung ist für den Gruppenzusammenhalt besonders wichtig. Jeder Mitarbeiter hat meistens eine bestimmte Kompetenz. Die Aufgabe von der Führungskraft besteht darin diese Stärken richtig Wert zu schätzen. Konkrete Strategien hierzu werden wir dir im späteren Verlauf noch mitgeben. So kann man den Mitarbeiter beispielsweise für eine bestimmte Leistung loben.

Manchmal kann es, aber auch hilfreich sein Verständnis zu zeigen und zu ermutigen. Es wird nämlich auch Zeiten geben, wo im Betrieb nicht alles so läuft wie man es sich als Personalführer vorgestellt hat. Nun stellt sich die Frage wie man damit umgeht. Mit den richtigen Strategien kann man den Gruppenzusammenhalt einfach stärken.

Welcher Führungsstil ist der richtige für mich?

Nachdem wir die verschiedenen Führungsstile untersucht haben, stellt sich folgende Frage :„Welcher Führungsstil ist der richtige für mich?". Eine allgemeine Antwort darauf gibt es nicht. Der richtige Führungsstil ist meistens von vielen verschiedenen Faktoren wie zum Beispiel dem Betrieb selbst und seinen eigenen Zielen abhängig. Zudem kommt es auch darauf an wie wichtig und dringend diese Ziele sind. An einer freien Schule werden die Freiheiten beispielsweise viel größer sein, als in der Bundeswehr.

Aber auch im Unternehmen hat sich niemals eine sehr extreme Art und Weise dieser Stile als richtig herausgestellt. Meistens war es ein Mix aus allem, was zum Erfolg geführt hat.

Meistens ist, jedoch ein kooperative Führungsstil zu empfehlen. Falls Du nicht mehr weißt, was der Begriff „Kooperative Führungsstil" bedeutet kannst Du einfach ein paar Seiten zurückblättern. Im vorherigen Kapitel haben wir noch mal ausführlich darüber gesprochen. Es gibt natürlich Ausnahmesituationen, wo man diesen Führungsstil nicht zu 100% umsetzen kann. In solchen Fällen muss man sich meistens an einen autoritären Führungsstil bedienen.

Im alltäglichen Geschehen ist es, jedoch immer zu raten auf eine demokratische Strategie zurück zu greifen. Auf diese Weise verbessert man auch die Beziehungen zu seinen Mitarbeitern. Zudem sollte man sich vor Augen führen, dass man nicht jede Aufgabe bis ins Detail ausplanen kann. In einem großen Betrieb reicht die Zeit dafür einfach nicht. Umso wichtiger ist es, dass die Mitarbeiter die Fähigkeit besitzen selbstständig zu handeln und auch Entscheidungen zu treffen.

Man sollte zunächst einmal von der direkten und kooperativen Führung unterscheiden, um herauszufinden welcher Stil für einen persönlich am besten geeignet ist. Bei der direkten Führung kommt es vor allem auf dein Fachwissen an.

Deine Führungsfähigkeiten spielen eher eine gerringer Rolle. Bei der direkten Führung geht es vor allem darum zu kommandieren, zu kontrollieren und natürlich auch zu korrigieren. Meistens handelt es um Routinearbeit, die in einer bestimmten Zeit absolviert werden muss. Deswegen ist auch der Zeitdruck in diesem Bereich höher. Prozentual gesehen sollte das Fachwissen daher auch bei circa 90% liegen und die Führungsqualitäten bei ca. 10%.

Bei der kooperativen Führung sieht es genau andersherum aus! Hier spielen vor allem deine Führungsqualitäten eine große Rolle. Du solltest auch Fachwissen besitzen, aber dieses ist nicht einmal ansatzweise so wichtig wie bei der direkten Führung. Bei der

kooperativen Führung kommt es darauf
an zu kommunizieren und das im
richtigen Kontext! Die
zwischenmenschlichen Beziehungen
spielen eine viel größere Rolle.
Deswegen kannst Du bei der
kooperativen Führung auch viel mehr auf
deine Mitarbeiter eingehen. Die
kooperative Führung kommt meistens
bei komplexeren Aufgaben zum Einsatz.
Prozentual gesehen sollte die
Führungsqualität auch bei 90% liegen
und das Fachwissen bei 10%.

Du siehst also, dass sich diese beiden
Führungsstile komplett voneinander
unterscheiden. Hierbei gibt es auch eine
Sache zu beachten: Keiner dieser
Führungsstile ist an sich falsch! Es
kommt immer nur auf den Kontext an.

Manchmal kann es hilfreich sein direkt zu führen. Vor allem wenn bestimmte Aufgaben im Betrieb in einer bestimmten Zeit erledigt werden müssen und man selbst unter Zeitdruck steht. In diesen Situationen hat man einfach keine Zeit für einen kreativen Austausch.

Bei komplexen Aufgaben sieht es genau anders aus. Hier sollte man nicht mit harter Linie kommunizieren, sondern versuchen so gut wie möglich auf die Mitarbeiter einzugehen. Dies kann zum Beispiel der Fall sein, wenn man sich überlegt auf welche Art und Weise man sein neues Produkt vermarkten kann. Es sind also komplexe Aufgaben.

Auch wenn man in bestimmten Situationen direkt führen muss, sollte man darauf achten nicht zu autoritär zu werden. Ansonsten kann es schnell passieren, dass sich die Beziehung zu seinen Mitarbeitern verschlechtert. Für dich bedeutet es immer offen und ehrlich zu kommunizieren. Man sollte niemals versuchen etwas vor seinen Mitarbeitern geheim zu halten. Die Aufgaben sollten klar und deutlich formuliert werden. So ergeben sich weniger Rückfragen und man wird schneller mit der Agenda fertig. Auch der gegenseitige Respekt sollte bei der direkten Führung nicht einfach so verloren gehen. Es ist immer noch wichtig miteinander fair umzugehen.

Welche Kompetenzen eine Führungskraft braucht

Bevor wir genauer auf einzelne Strategien und Techniken eingehen, die dich zu einer besseren Führungskraft machen, müssen wir erstmal erfahren welche Kompetenzen eine Führungskraft alles haben muss. Kompetenzen sind bestimmte Eigenschaften, die dich für diesen Beruf qualifizieren. Ohne Kompetenzen, könnte jeder theoretisch diesen Beruf ausüben. In der Praxis würde sich, aber schnell klarstellen wer für diesen Beruf wirklich gemacht ist.

Je nach Unternehmen kann auch eine bestimmte Kompetenz wichtiger sein, als die andere. Dies wird man, aber im jeweiligen Unternehmen selbst sehr schnell erfahren. Wir wollen die einzelnen Kompetenzen mit dir zusammen durchgehen. So bekommst Du einen relativ guten Überblick darüber, was Du alles als Führungskraft drauf haben musst.

Die Selbstkompetenz

Unter Umständen hast Du schon mal etwas von diesem Begriff gehört. Viele haben das Bild von einem Manager vor dem Auge, der einfach nur gemütlich seinem Büro sitzt und trotzdem jedem Monat seinen Spitzenlohn überwiesen bekommt. Die Realität sieht, jedoch komplett anders aus. Führungskräfte haben eine Menge Aufgaben, die sie bewältigen müssen. Auch wenn schwierige Zeiten vor einem stehen, muss man die Kompetenz besitzen diese Zeit so gut wie möglich zu meistern. Jammern bringt das Unternehmen nicht weiter und löst auch nicht das Problem. Stattdessen muss man als Führungskraft lernen die volle Verantwortung zu übernehmen und dann nach einer passenden Lösung für das Problem zu suchen. Dazu wird man auch eigene Methoden entwickeln, die es einem erleichtern die eigene Arbeit und Zeit besser einzuteilen. Nichts anderes ist Selbstkompetenz. Um diese Kompetenz, aber erstmal zu besitzen muss man auch seine eigenen Ziele und Prioritäten kennen. Als Führungskraft ist es besonders wichtig die richtigen Prioritäten zu setzen. Ansonsten kann es ziemlich schnell passieren, dass man bei jedem kleinen Problem in Selbstmitleid versinkt und seinen Job dadurch schneller wieder los wird, als man ihn kennengelernt hat.

Die Fachkompetenz

Fachkompetenz ist in jedem Beruf wichtig. In einem Unternehmen musst Du dich nämlich auch erstmal fachlich beweisen können. Als Führungskraft kann man schnell Gefahr laufen die anfallenden Aufgaben nicht richtig oder kaum weiter zu delegieren. Vielleicht ist man aus eigener Routine des alten Jobs noch viel zu sehr daran gewöhnt die Aufgaben selbst zu übernehmen. In solchen Situationen muss man sich wieder richtig besinnen und den Fokus stärken. Als Führungskraft besteht deine Fachkompetenz erstmal darin richtig zu delegieren. Versuche dein Bewusstsein auch direkt dahin zu richten.

Soziale und kommunikative Kompetenzen

Soziale und kommunikative Kompetenzen gehören zu einer der wichtigsten Eigenschaften einer Führungskraft. Oftmals werden sie auch außer Acht gelassen, weil man der Meinung ist, dass man sie nicht benötigt, da man ausreichend Fachwissen besitzt. Dies ist, jedoch ein Trugschluss. Jede erfolgreiche Führungskraft in einem Unternehmen muss auch lernen mit seinen Mitarbeitern und Kollegen klar zu kommen. Kommunikation ist auch im Beruf das A und O! Deswegen scheitern auch so viele BWL-Studenten in Deutschland, wenn sie dann mal in einem Betrieb gehen. Sie haben zwar über Jahre hinweg das theoretische Wissen erlernt, aber wissen nicht wie man richtig mit Menschen umgeht. In Amerika ist man uns schon einen Schritt voraus. Hier spielen die Fertigkeiten eine viel größere Rolle, als der Schulabschluss. So kann ein Amerikaner mit einem niedrigen Schulabschluss in den USA auch zur Führungskraft werden, wenn er die notwendigen Kompetenzen besitzt. Es heißt immerhin nicht umsonst ,,The american dream". Doch was sind eigentlich soziale und kommunikative Kompetenzen? Bei diesen Kompetenzen ist es in erster Linie wichtige die Ziele des Unternehmen gemeinsam mit den Mitarbeitern zu realisieren. Wenn Du deine Kollegen schon eine Weile kennst, dann kennst Du auch ihre Fähigkeiten wie ihren Charakter. Auf diese Weise kannst Du ihnen auch bessere Aufgaben zuschreiben. Manchmal läuft die Umsetzung in einem Unternehmen nicht 1 zu 1 genauso ab wie man es gerne hätte. In diesem Fall musst Du auch dazu bereit sein Einfühlungsvermögen zu zeigen. Nur mit den richtigen Kommunikations-Skills schaffst Du es das Verhalten deiner Mitarbeiter richtig zu beeinflussen. Hierzu gehört zum Beispiel auch konstruktive Kritik. Von Bestrafungen sollte man eher absehen. Für ein besseres Miteinander sind Bestrafungen eher kontraproduktiv. Wenn deine Kollegen gemeinsam im Team eine Aufgabe gut absolviert haben, dann solltest Du es ihnen ebenfalls vermitteln. Lob und Anerkennung sind in diesem Fall angebracht. Deine sozialen und kommunikativen Kompetenzen werden sich in der Praxis verbessern. Keine Führungskraft ist von Anfang an perfekt. Wenn man sich erstmal in seinen neuen Beruf eingefunden hat, dann wird man auch an seinen eigenen Kompetenzen besser arbeiten können.

Die integrative Kompetenz

Kaum ein Unternehmer kann ein Produkt oder eine bestimmte Idee alleine erfolgreich auf den Markt bringen. Auch die schlauesten Köpfe der Welt wie der Erfinder von Apple, haben ein riesiges Team hinter sich, das miteinander arbeitet. Nur so konnte langfristig Erfolg entstehen. Hier einem kleinen erfolgreichen Produkt stehen dutzende Manager, Techniker und Fachleute dahinter. Alleine kann man heutzutage nur noch schwierig etwas auf die Beine stellen. Zudem verlangt dies einem auch noch so viel Energie und Zeit ab, die man nicht hat. Dies hat der Motivationssprecher und Unternehmer Steven. R. Covey auch schon in seinem Bestseller :,,Die sieben Wege der Effektivität", beschrieben. Als Führungskraft ist es wichtig, dass man ein gutes Netzwerk von Mitarbeitern hat. Wenn man sich heutzutage einen erfolgreichen Betrieb anschaut, dann kann man erkennen dass er in verschiedene Teilbereiche aufgeteilt ist. Dadurch lassen sich auch Aufgaben besser managen. Als Führungskraft ist diese Kompetenz besonders wichtig, da man auch in der Lage sein muss bestimmte Probleme und Konflikte wieder in den Griff zu bekommen. Nicht alles wird immer so rosig laufen wie man es sich vorgestellt hat. Auch bei Verhandlungen sollte man in der Lage sein in einer Win-Win Situation zu denken. Das bedeutet, dass nach einer Entscheidung beide Seiten etwas gewinnen. Oftmals wirkt sich eine Entscheidung nämlich einseitig aus. Entweder der Mitarbeiter gewinnt oder der Vorgesetzte. Wer eine integrative Kompetenz besitzt, weiß wie er richtig vorgehen muss, sodass beide Seiten am Ende fröhlich und entschlossen aus so einem Gespräch herausgehen.

Die Methodenkompetenz

Um das Unternehmen so gut wie möglich voran zu bringen, braucht man klar definierte Ziele. Um diese Ziele zu erreichen brauchen wir Methoden und Strategien. Daher ist es auch so wichtig eine gewisse Methodenkompetenz zu entwickeln. Dafür muss man als Führungskraft in der Lage sein bestimmte Dinge richtig zu planen, zu steuern und natürlich auch zu organisieren. Ansonsten entsteht schnell ein großes Chaos und Durcheinander im Betrieb. Je mehr Methoden Du besitzt und anwenden kannst, desto besser kannst Du auch in unbekannte Situationen umgehen. Sie sind dann nicht einfach nur fremd für dich, sondern Du weißt ganz genau wie Du vorgehen musst.

Die besten Tipps und Tricks für Anfänger - So startest Du im Unternehmen richtig durch

Herzlichen Glückwunsch Du hast es in den Chefsessel geschafft! Jetzt heißt es, aber nicht sich einfach zurück zu lehnen und seinen neuen Job zu genießen. Falls Du Anfänger sein solltest, dann ist dieses Kapitel besonders wichtig für dich. Wir haben nämlich die besten Tipps und Tricks für dich zusammengestellt wie Du in einem Unternehmen so richtig durchstarten kannst. Vielleicht bist Du noch ein bisschen unsicher und weißt nicht richtig wie Du am besten starten kannst. Ich habe eine gute Nachricht für dich: Diese Unsicherheit ist vollkommen normal! Vor allem wenn man so einen wichtigen Posten wie deinen einnimmt. Genau hierzu dient auch dieses Kapitel.

In diesem Kapitel wirst Du lernen dich in deinem neuen Unternehmen richtig zurecht zu finden und als Führungskraft auch das zu erfüllen, was man von dir erwartet. Lies dir die folgenden Abschnitte also mit ausreichend Fokus und Aufmerksamkeit durch.

Tipp Nr.1 - Ziele und Erwartungen klären:

Es ist nicht nur für Mitarbeiter nervig, wenn sie nicht richtig wissen, was für Erwartungen man an sie hat. Für Führungskräfte kann dies genauso belastend sein und ihnen auch eine Menge Fokus und Energie rauben. Deswegen ist es wichtig, dass auch Führungskräfte ihre Erwartungen und Ziele zu Beginn klären. Zuerst solltest

Du das natürlich mit deinem Vorgesetzten machen. Vor allem beim Einführungsgespräch solltest Du dich nicht davor scheuen zu schüchtern für Fragen zu sein. Vorgesetzte sehen das sogar sehr gerne, wenn man noch mal nachfragt. Bei deinen Kollegen und Mitarbeitern gilt die gleiche Regel. Auch hier sollten Erwartungen und Ziele schon am Anfang geklärt werden. Dadurch wird auch dein Verantwortungsbereich klarer und bei deiner alltäglichen Arbeit kannst Du auch genau den Aufgaben auf die Art und Weise vorgehen wie man es von dir erwartet.

Tipp Nr.2 - Es langsam angehen lassen:

Als Führungskraft musst Du dich nicht direkt darauf stürzen eine persönliche Beziehung mit deinen Mitarbeitern aufzubauen. Es kann sogar hilfreich sein am Anfang auf Distanz zu gehen. So vermeidet man es auch sich in persönliche Konflikte zu verwickeln. Das heißt nicht, dass Du abweisend reagieren musst. Die passende Antwort lautet auch wieder hier :,,Der Mittelweg ist der richtige Weg".

Tipp Nr.3 - Nicht zu schnelle Urteile treffen:

Wir Menschen treffen alle Urteile.

Leider, jedoch viel zu früh. Auf diese Weise entstehen auch viele Vorurteile. Als erfolgreiche Führungskraft solltest Du diesen Fehler vermeiden und nicht allzu schnell Urteile treffen. Das gilt für deine Vorgesetzten, deine Kollegen wie auch deine Mitarbeiter. Lästern im eigenen Betrieb kommt am Anfang überhaupt nicht gut an und kann sehr schnell ein unschönes Bild auf dich werfen. Stattdessen solltest Du lernen als Führungskraft richtig zu beobachten. Auf diese Weise kannst Du später auch bessere Veränderungen einleiten.

Tipp Nr.4 - Langsam die richtigen Veränderungen einleiten:

Veränderungen können einen sehr positiven Effekt auf den Betrieb haben und die Produktivität verbessern. Es kommt, jedoch meistens darauf an wie man diese Veränderungen einleitet. Wenn Du zu schnell bist, dann kann dies auch zu Verwirrung oder Unsicherheiten führen. Du solltest am Anfang also nicht mit zu vielen Veränderungen auf einmal antanzen. Stattdessen solltest Du die richtigen Veränderungen auswählen und dann versuchen diese Veränderungen zur Routine zu machen. So kannst Du schon eine Menge verändern.

Zudem kann es auch nützlich sein mit den Mitarbeitern Absprache zu halten. Immerhin wollen wir alle Veränderungen auf einem demokratischen Weg einleiten. Vielleicht gibt es noch etwas, was deine Mitarbeiter auch einführen wollen.

Tipp Nr.5 - Ehrlich und klar arbeiten:

Als erfolgreiche Führungskraft ist es wichtig zu wissen, wo man steht. Ansonsten kann es ziemlich schnell passieren, dass man sich überfordert oder zu viel vornimmt. Auch mir ist das mir meiner Anfangszeit widerfahren. Wenn man seine eigenen Kompetenzen, jedoch kennt, dann wird man ziemlich gut mit diesem Problem klar kommen.

So sollte dir zum Beispiel klar sein welche Erwartungen Du erfüllen kannst und welche nicht. So machst Du deinen Vorgesetzten auch keine falschen Versprechungen. Zudem behältst Du auch deine Glaubwürdigkeit und deinen Respekt. Du solltest, aber auch wissen warum Du bestimmte Erwartungen nicht erfüllen kannst, um dies deinen Vorgesetzten logisch zu begründen. Besonders gut kommt es dann an, wenn man eine Alternative anbieten kann.

Man denkt also im letzten Schritt nicht mehr weiter in Problemen, sondern in Lösungen. Dies ist ebenfalls eine sehr wichtige Eigenschaft, die man als erfolgreiche Führungskraft benötigt.

Tipp Nr.6 - Du bist kein
Einzelkämpfer:

Vielleicht hast Du noch den Eindruck, dass Du als Führungskraft alles selbst übernehmen musst. Diese Annahme ist, jedoch falsch. Du bist kein Einzelkämpfer! Als Führungskraft spricht absolut nichts dagegen Hilfe einzuholen. Wenn Du merkst, dass deine Vorgesetzten sehr anspruchsvolle Erwartungen an dich haben, dann solltest Du dir auch ausreichend Unterstützung holen. Dies solltest Du auch deinen Vorgesetzten ehrlich und sachlich vermitteln.

Tipp Nr.7 - Kenne deine Prioritäten:

Wenn Du als Führungskraft keine Prioritäten hast, dann kann der Arbeitsalltag ziemlich stressig werden. Umso wichtiger ist es, dass Du erstmal weißt, was für dich persönlich am wichtigsten ist. Als Führungskraft wird man immer mit einem Berg von Aufgaben zu kämpfen haben. Umso wichtiger ist es, dass man genau weiß welche Aufgaben bei einem die Priorität haben und welche man auch weiter nach hinten anstellen kann. Hierfür ist Absprache mit den eigenen Mitarbeitern wie auch mit den Vorgesetzten sehr wichtig.

Tipp Nr.8 - Ein Konzept entwickeln:

Wenn wir vor großen Aufgaben stehen, dann können wir schon mal den Überblick verlieren. Die beste Art und Weise um gegen dieses Problem vorzugehen ist ein passendes Konzept zu entwickeln. Gerade als Führungskraft ist das besonders wichtig. Mit einem Konzept bist Du auch in deinem alltäglichen Berufsleben nicht mehr aufgeschmissen. Du weißt genau welche Methoden und Strategien Du anwenden musst und wie Du schneller das erreichen kannst, was Du willst.

Tipp Nr.9 - Mit den Mitarbeitern kooperieren:

Als Führungskraft kann man am Anfang schnell den Eindruck bekommen, dass man alles selbst auf die eigene Schulter nehmen muss. Die Wahrheit ist, aber dass man mit so einer Denkweise keinen Schritt weiterkommen wird. Als erfolgreiche Führungskraft musst Du lernen mit deinen Mitarbeitern zu kooperieren. Das bedeutet auch in vielen Fällen sie mit ins Boot zu holen. Vor allem zuverlässige Mitarbeiter können dir bei vielen Aufgaben weiterhelfen und dir auch unter die Arme greifen. Bei größeren Projekten wird man gar nicht umher kommen mit seinem Mitarbeitern zusammenzuarbeiten. Vielleicht hat ein bestimmter Mitarbeiter auch eine bestimmte Idee wie man ein Problem besser angehen und lösen kann. Um das herauszufinden müssen wir in den meisten Fällen einfach nur fragen. Frag einfach deine Mitarbeiter was sie von der Vorgehensweise halten und, ob sie selbst auch bestimmte Verbesserungsvorschläge hätten. So kannst Du auch Missverständnisse einfacher aus dem Weg räumen und ein gemeinsames Projekt schneller und erfolgreicher zum Ende bringen.

Erfolgreiche Führungskraft werden - Die Schritt für Schritt Anleitung

Du hast mittlerweile schon eine Menge über das Thema ,,Führungskraft" gelernt. Dir sind auch viele Führungsstile bekannt und Du kennst auch die besten Tipps und Tricks wie Du als Führungskraft perfekt starten kannst. Das reicht, aber noch nicht aus, um eine erfolgreiche Führungskraft zu werden. In diesem Kapitel wollen wir uns viel mehr auf die Praxis fokussieren. Theoretisch hast Du immerhin schon eine Menge mitgenommen.

Die Mitarbeiter richtig beurteilen

Mir war diese wichtige Aufgabe am Anfang auch ziemlich unangenehm. Sie hat mir, aber dabei weitergeholfen schneller und einfacher mit dem gesamten Unternehmen weiter zu kommen. Beim Beurteilen kommt es nicht darauf an über jemanden subjektiv zu urteilen. Du sollst auch nicht deine persönliche Meinung über diese Person wiedergeben. Eine Beurteilung deiner Mitarbeiter soll dir viel mehr dabei weiterhelfen die Fähigkeiten und Arbeitsleistungen von ihnen besser beurteilen zu können. Zudem werden auch die Vorstellungen und Erwartungen miteinander verglichen. Nicht immer ist das, was man von seinen Mitarbeitern verlangt auch im Einklang, was die Mitarbeiter von einem selbst erwarten.

Umso wichtiger ist es hier mit Kommunikation Abhilfe zu verschaffen. Für Mitarbeiter selbst kann so eine Bewertung oftmals sehr hilfreich sein. Sie bekommen dadurch nämlich Feedback über ihre Arbeitsleistung. Dadurch können auch bessere Entscheidungen getroffen werden, die für beide Seiten gut geeignet sind.

Wichtig ist, jedoch sachlich zu beurteilen. Beleidigungen haben hier zum Beispiel überhaupt nichts zu suchen. Du würdest bei einer Beurteilung immerhin auch nicht wollen, dass dich jemand beleidigt. Bei einer Beurteilung wird erstmal die Arbeitsleistung genauer betrachtet. Sowohl die Qualität als auch die Quantität spielen hierbei eine Rolle. Die Führungskraft schaut, ob der Mitarbeiter die Leistung erbracht hat, die von ihm erwartet wurde. Als nächsten Punkt schaut man sich die Kompetenzen und das Arbeitsverhalten von seinem Mitarbeiter genauer an und beurteilt dieses im Nachhinein. Hierbei spielen auch Fachkompetenzen eine sehr große Rolle. Das Arbeitsverhalten von seinen Mitarbeitern kann man natürlich nicht über Nacht beurteilen. Deswegen ist es auch so wichtig am Anfang richtig zu beobachten und zu schauen wie sich die jeweiligen Personen verhalten. Auch die Frage, ob der Mitarbeiter seine Ziele erreicht hat, können nützlich sein, um das Arbeitsverhalten besser beurteilen zu können. Der letzte wichtige Punkt behandelt dann Potentiale und Möglichkeiten. Wir haben schon am Anfang darüber gesprochen wie wichtig es als Führungskraft ist in Lösungen zu denken.

Diese Mentalität solltest Du auch bei dir behalten, wenn Du deine Mitarbeiter beurteilst. Vielleicht gibt es Mitarbeiter, die in einem bestimmten Aufgabenbereich besonders gute Resultate leisten und sogar außerhalb der Arbeitszeiten daran arbeiten. In diesem Fall solltest Du den Mitarbeiter natürlich in diesem Bereich fördern und ihm neue Möglichkeiten aufzeigen. Du wirst deine Mitarbeiter natürlich mit der Zeit auch immer besser kennenlernen. Deswegen musst Du dich in diesem Punkt auch nicht allzu sehr überstürzen.

So beurteilst Du deine Mitarbeiter richtig

Die Schritt für Schritt Anleitung

Im letzten Kapitel hast Du schon erfahren worauf es bei der Bewertung der Mitarbeiter ankommt. Damit Du deine Mitarbeiter, aber auch korrekt bewerten kannst, gibt es ein paar Schritte, die Du beachten musst. Plumpe und einfach Sätze wie :,,Du bist so…" oder :,,Du solltest…..", kommen überhaupt nicht gut an und können sogar als eine Art Beleidigung wahrgenommen werden. In diesem Kapitel werde ich dir daher aus meiner jahrelangen Erfahrung erklären, was Du alles zu beachten hast und wie Du richtig dabei vorgehen kannst.

Schritt Nr.1 - Das Beobachten:

Wer nicht richtig beobachten kann, neigt dazu vorschnelle Urteile zu treffen. Diese Regel gilt nicht nur im privaten Leben, sondern auch im beruflichen Miteinander. Deswegen lautet der erste wichtige Schritt für dich: Beobachten! Bevor Du irgendein Urteil triffst, solltest Du erstmal die Arbeitsweise deiner Mitarbeiter für eine längere Zeit beobachten. Bei der Beobachtung kommt es nicht darauf an auf irgendeine Art und Weise zu urteilen. Oftmals spielen nämlich bei unseren Beobachtungen auch Interpretationen hinein, die dort eigentlich nichts zu suchen haben. So können schnell Fehler in der Beobachtung entstehen. Es kann aber auch sein, dass subjektive Vorlieben dazu führen, dass wir einen Mitarbeiter besonders positiv oder auch negativ wahrnehmen. Eine erfolgreiche Führungskraft hat schon lange gelernt seine subjektiven Vorlieben von seinem Beruf zu trennen. Sie stören nämlich nur bei der Gewinnung von Informationen, was das eigentliche Ziel vom Beobachten ist. Auch Vorurteile können dazu führen, dass wir zu schnelle Urteile treffen. Wenn wir mal ehrlich zu uns sind, dann ist kein Mensch zu 100% frei von Vorurteilen. Daher besteht auch die Kunst darin diese Vorurteile zu erkennen und dann bewusst abzulegen. Die beste Art und Weise wie man Fehler beim Beobachten vermeiden kann, ist sich erstmal aufzuschreiben, was die eigene Wahrnehmung verzerrt. Auf diesem Weg ist schon eine Menge gemacht. Dann muss man seine Wahrnehmung nur noch Schulen. Bevor es zur ersten Beurteilung kommt, sollte man sich für das Beobachten auch erstmal ein paar wenige Wochen Zeit lassen. Auch die beste Führungskraft der Welt kann seine Mitarbeiter nicht von Anhieb heraus erkennen.

Schritt Nr.2 - Das Beurteilen:

Nachdem Du deine Mitarbeiter für eine gewisse Zeit beobachtet hast, geht es im nächsten Schritt dann an die Beurteilung. Es ist wichtig sich vor Augen zu führen, dass kein Mensch perfekt ist und jeder Mensch sowohl Stärken als auch Schwächen hat. Am Anfang der Beurteilung beginnst Du damit die Situation so zu schildern wie Du sie wahrgenommen und beobachtet hast. Hierfür kann es auch hilfreich sein sich an rhetorischen Mitteln zu bedienen. Ansonsten kann diese Schildern schon sehr schnell falsch verstanden werden.

Auch auf Vergleiche sollte man bei diesem Punkt verzichten. Nachdem Du erst die Situation geschildert hast, geht es ans eigentliche Beurteilen. Hierfür sind die Beurteilungskriterien schon vorher angegeben. So weiß auch der Mitarbeiter worauf er sich einlässt. Mit Hilfe einer Skala kann man dieses Verhalten auch einfacher bewerten. Am besten zeigst Du deinem Mitarbeiter schon am Anfang des Gesprächs diese Skala. So weiß er auch worauf er sich einlässt. Die Bewertungskriterien sollte man sich natürlich schon vorher gut überlegt haben, sodass sie stimmig sind. Es bringt nichts einfach etwas von der Luft aufzuschnappen. Vielleicht fragst Du dich noch was geeignete Bewertungskriterien sein könnte. Da ich es dir in diesem Buch so einfach wie möglich machen will, habe ich die wichtigsten Kriterien im Folgenden für dich geschildert.

Leistung:

Die Leistung spielt selbstverständlich eine große Rolle. Du willst immerhin auch, dass das Unternehmen nach vorne kommt und, dass jeder Mitarbeiter das beste aus sich herausholen kann. Deswegen ist das auch der erste Punkt, den man als Führungskraft bei so einer Beurteilung ansprechen sollte. Natürlich gibt es auch noch einige Unterpunkte, die man ebenfalls beachten sollte. Hierzu zählt zum Beispiel die Arbeitseffizienz. Du schaust also wie viel der jeweilige Mitarbeiter in einer gewissen Zeitspanne leisten kann. Dabei sollte die Qualität auch nicht aus den

Augen verloren werden. Deswegen ist die Arbeitsqualität ebenfalls ein wichtiger Unterpunkt zur Bewertung. Auch die Flexibilität und Belastbarkeit eines Mitarbeiters kann etwas über die Arbeitsleistung aussagen. So können flexible und belastbare Mitarbeiter auch mal ohne Probleme Überstunden machen, wenn das von Nöten ist.

Die Fachkompetenz:

Wir wissen nicht alle gleich viel. Das gilt auch für deine Mitarbeiter! Deswegen ist es wichtig, dass Du als Führungskraft ihr fachliches Wissen immer wieder bewertest. Fachwissen ist in einem Betrieb nicht alles, aber ohne fachliches Wissen kommt man auch nicht weiter!

Die soziale Kompetenz:

Wir haben schon am Anfang darüber gesprochen, dass große Ideen niemals alleine entstehen. Soziale Kompetenz ist nicht nur für dich als Führungskraft immens wichtig. Auch für deine Mitarbeiter ist es von großer Wichtigkeit auch miteinander klar zu kommen und effektiv zu arbeiten. Hier gibt es auch einige Unterpunkte, die man bei seiner Beurteilung beachten sollte wie zum Beispiel die Kommunikationsfähigkeit. Du solltest beobachten wie gut dein Mitarbeiter mit anderen Mitarbeitern und dir kommunizieren kann. Auch die Teamfähigkeit spielt eine besondere Rolle.

Es gibt manche Menschen, die besser in einem Team arbeiten können und manche, die eher allein effektiver sind. Das sind, aber nicht die einzigen Unterpunkte, nach denen Du deine soziale Kompetenz messen kannst. Du solltest dich auch Fragen wie konfliktfähig dein Mitarbeiter ist. Ob man es nun will oder nicht: Konflikte werden in einem Unternehmen früher oder später entstehen. Die einzige Frage, die sich dann stellt ist wie man mit diesen Konflikten umgeht. Es gibt auch Situationen, wo man sich durchsetzen muss. Nicht nur als Führungskraft erlebt man solche Situationen, sondern auch als Mitarbeiter. Deswegen nennt sich auch der letzte wichtige Unterpunkt „Durchsetzungsvermögen".

Die Selbstkompetenz:

Die Selbstkompetenz ist einer der wichtigsten Punkte, wenn es darum geht seine Mitarbeiter zu beurteilen. Hierbei spielen auch mehrere Unterpunkte eine Rolle, die darüber entscheiden, ob man Selbstkompetenz besitzt oder nicht. Zu einer dieser Unterpunkte gehört zum Beispiel die Entscheidungsfähigkeit. Auch wenn man als Mitarbeiter nicht so oft vor Entscheidungen steht wie als eine Führungskraft, ist es wichtig richtig damit umzugehen. Auch ein Mitarbeiter muss den Überblick behalten können. Ansonsten kann im ganzen Team sehr schnell Chaos und Unordnung herrschen. Der nächste wichtige Unterpunkt nennt sich ,,Engagement". Frage dich daher wie viel dein Mitarbeiter dazu bereit ist sich im Team einzubringen. Ist er auch bereit neue

Dinge zu lernen oder auch aus „Fehlschlägen" etwas mitzunehmen? Lernfähigkeit ist ebenfalls ein Unterpunkt, den Du im Auge betrachten solltest. Nicht immer wird in einem Betrieb alles so laufen wie man es gerne hätte. Es kann auch vorkommen, dass man mal Fehler macht. In solchen Situationen muss man, aber dazu bereit sein aus solchen Fehlern zu lernen. Deswegen ist die Verantwortungsbereitschaft ebenfalls ein wichtiger Punkt, den man beobachten sollte. Wenn ein Mitarbeiter nämlich keine Verantwortung für seine Handlungen und Entscheidungen übernimmt, dann besitzt er auch keine sonderlich hohe Selbstkompetenz.

Zu guter Letzt sollte man sich noch fragen wie zielorientiert der Mitarbeiter ist. Zielorientierung ist ebenfalls ein wichtiger Unterpunkt, der bei der Bewertung eine wichtige Rolle spielt.

Du siehst also, dass eine Bewertung nicht so einfach abläuft wie man es sich vorgestellt hat. Es gibt viele verschiedene Faktoren, die bei der Bewertung eine große Rolle spielen. Wichtig ist es, dass man sie auch alle beachtet. Ansonsten kann man schnell Gefahr laufen eine zu oberflächliche Beurteilung zu treffen, die am Ende noch falsch aufgenommen wird. Bei der Beurteilung selbst solltest Du immer so sachlich wie möglich bleiben. Deswegen ist es auch so wichtig im vorherigen Schritt richtig zu beobachten. So werden bei der anschließenden Bewertung Fehler vermieden.

Schlusswort

Vielen Dank, dass Sie diesen Ratgeber bis zum Ende mitgelesen haben! Wenn Sie es bis zu diesem Punkt geschafft haben, zeigt es Dir auch selbst, dass Sie ausreichend Motivation haben, um Ihr Team zur Bestleistung zu bringen und dieses auch dauerhaft dort zu halten. Alles was Sie jetzt machen müssen ist es Ihre Ziele in die Praxis umzusetzen. Bei dem Prozess sollten Sie sich ausreichend Zeit nehmen und großes Ziel in viele kleine Etappen Ziele zu meistern.

Als Elite Führungskraft müssen Sie jeden Tag aufs Neue Flexibel und aufmerksam sein und Steuern

In diesem Buche habe ich Ihnen die Besten Strategie und Methoden , als Schritt für Schritt Anleitung an die Hand gegeben für Ihre Mitarbeiterführung helfen.

Finden Sie Ihren Führungsstil und denken Sie daran jedes Ziel, jeder Mitarbeiter jede Gruppe ist anderes.

In diesem Sinne.

Viel Erfolg

Ihr

M. Rock

Elite Führungskraft

Rechtliches

Titel

Elite Führungskraft

Die besten Strategien und Methoden!

für

Führungsmethoden, Führungstechniken,

Führungskompetenzen, Führungsstil

Autor M. Rock

Auflage,1   JAHR 2018

© by M Rock

Herausgeber dieses Buches ist

VERLAG: Rock die Wellen Traders Club

ADRESSE: An der Brenzbahn 6

PLZ, 89073 **ORT**, ULM

Ansprechpartner Rose, Marcus

Steueridentifikation: USt-IdNr.:
DE306394148

Lektorat & Korrektorat:

RDW – Traders CLUB

Cover: Graphicdesign

ISBN: 9781790420964

Bilder: werden ausschließlich von
https://pixabay.com/ verwendet

Druckerei:

Amazon Media EU S.à r.l., 5 Rue
Plaetis, L-2338, Luxembourg

Disclaimer

Alle Inhalte dieses Ratgebers wurden nach bestem Wissen und Gewissen verfasst und nachgeforscht. Allerdings kann keine Gewähr für die Korrektheit, Ausführlichkeit und Vollständigkeit der enthaltenen Informationen gegeben werden. Der Herausgeber haftet für keine nachteiligen Auswirkungen, die in einem direkten oder indirekten Zusammenhang mit den Informationen dieses Ratgebers stehen.